Robert Gernhardt, Bernd Eilert & Peter Knorr

Es ist ein Has' entsprungen

ROBERT GERNHARDT,
BERND EILERT
& PETER KNORR

ES IST EIN HAS' ENTSPRUNGEN

Und andere schöne Geschichten zum Fest

Mit nicht mehr feierlichen Illustrationen von
ROBERT GERNHARDT

HAFFMANS VERLAG

1. Auflage, 1. Advent 1999

Satz: Fotosatz Michel, Gießen
Herstellung: Freiburger Graphische Betriebe
ISBN 3 251 00447 6

Inhalt

Wie der arme Maler Dürer
den reichen Kaufherrn Fugger am Heiligen Abend
einmal kräftig aufs Kreuz legte

DER WEIHNACHTSHASE

Eine historische Begegnung

Personen:

ALBRECHT DÜRER, Maler zu Nürnberg

JAKOB FUGGER D. J., Kaufherr ebenda

Zeit:

Wir schreiben den 24. Dezember des Jahres 1502

Ort:

Dürers Atelier zu Nürnberg

ALBRECHT DÜRER *ist damit beschäftigt, sich einen Schoppen zu gönnen, als es an seine Tür klopft.*

FUGGER *ruft von draußen* Heda, Meister Albrecht! So öffnet doch...

DÜRER *zu sich* Daß ihn der Teufel hole: Fugger!

FUGGER *von draußen* Um Gottes willen, Meister! Ich weiß, Ihr seid daheim!

DÜRER *schaut gehetzt um sich, zieht wahllos ein kleineres Blatt aus einer Mappe und stellt es auf die Staffelei.*

DÜRER Je nun, ich komme schon...

Er öffnet die Tür. JAKOB FUGGER *tritt ein und klopft sich den Schnee aus seinem prachtvollen Pelz.*

FUGGER Da seid Ihr endlich, Dürer! Sagt, was fällt Euch bei: Laßt mich in der Dezemberkälte frieren?

DÜRER Mäßigt nur Euren Zorn, Herr Fugger, tretet ein... Der Dürer zeigt Euch nämlich itzo etwas, das Euch mehr denn befriedigen wird...

FUGGER Das wird auch hohe Zeit: Morgen ist Weihnachten!

DÜRER Das weiß ich auch. Es ging aber nicht schneller: Ein gutes Weihnachtsbild will gute Weile haben. Das will bedacht und sorgsam ausgeführet sein! Das geht nicht einfach husch, husch, husch...

FUGGER Gut, gut, nun zeigt schon her!

DÜRER Hier! Bitte...

Er enthüllt das Bild auf der Staffelei: Der Hase.

FUGGER Wo?

DÜRER Na, hier!

Er zeigt auf das Hasen-Bild; FUGGER *starrt es ungläubig an.*

FUGGER Was? Das?!

DÜRER Natürlich: das! Was sonst?

FUGGER Aber...

DÜRER Da seid Ihr wohl erschüttert!?

FUGGER In der Tat...

DÜRER Ja, ja, das ist ein Bild...

FUGGER Aber... das kann doch nicht... das ist doch kein ... nein, Meister Albrecht! Sprecht: Was soll das sein?

DÜRER Habt Ihr was daran auszusetzen?

FUGGER ...auszusetzen... nein...

DÜRER Nun, also?

FUGGER Aber: Das ist ein Hase!

DÜRER Ganz recht: Das ist ein Hase.

FUGGER Aber: Das ist kein Weihnachtsbild!

DÜRER Wie bitte?

FUGGER Ein Hase ist kein Weihnachtsbild!

DÜRER Ein Hase ist kein Weihnachtsbild? Ja, glaubt Ihr denn... Ja, meint Ihr gar... Potztausend, nein! Ergo versteh ich wohl von Bildern nichts!

FUGGER Nein, nicht doch, Meister Albrecht! Solch Eifern ist allhier ganz fehl am Platze! Beruhigt Euch doch!

DÜRER Nun, bitte, wie Ihr meint.

FUGGER Es geht doch bloß um Folgendes: Ich hatt' bei Euch ein Bild bestellt von weihnachtlicher Prägung, mit froher Botschaft und so fort...

DÜRER Ja, und was glaubt Ihr denn, warum mein Hase seine Löffel spitzt? ... Nun, worauf lauscht er wohl? ... Auf eben diese Botschaft – worauf sonst!?

FUGGER Ach, Ihr meint...

DÜRER Nun schaut doch bloß einmal, wie sich mein Hase kauert! Weshalb tut er das wohl? ... Weil es ihm Spaß macht? ... Nein! Weil Weihnachten im Winter ist! Ihn friert ... Und achtet auch der Schnurrbarthaare! Sind sie nicht wie die Hirten auf dem Felde? ... Zitternd und zagend zwar – doch festgewachsen! Und spitz... spitz auf das Unerhörte, was zu Weihnachten geschah!

FUGGER Spitz... in der Tat...

DÜRER Und seine Nase... Nun, Ihr wißt ja selbst...

FUGGER Was ist denn mit der Nase?

DÜRER Die Hasennase ist seit altersher das gängigste Symbol für neugebor'nes Leben.

FUGGER Ach so...

DÜRER Der Mund, Ihr seht, er schweigt... Weil er vor Freude nichts zu sagen hat...

FUGGER Und die Augen?

DÜRER Die Augen ... die Augen sind die Spiegel uns'rer Seele.

FUGGER Hmm...

DÜRER Tretet nur näher hin, dann könnt Ihr ja das sel'ge überird'sche Glimmen gar nicht übersehen... Ja, so ist's recht...

FUGGER *ist ehrfürchtig vor das Bild getreten und bestaunt die Einzelheiten.*

FUGGER Ich glaub, jetzt seh ich's auch...

DÜRER Und schließlich die vier Hasenpfoten ... Nun, worauf fußet unser Glaube denn?

FUGGER Worauf?

Dürer *zählt an vier Fingern ab.*

Dürer Gott, Vater, Sohn und…

Fugger Heil'ger Geist!

Dürer Die Heilige Vierfaltigkeit! Ihr habt sie wohl erkannt.

Fugger Ja, und die vielen Haare: Das sind am Ende gar wir selbst!

Dürer *fast sprachlos* Wer? Wir?!

Fugger Die ganze Christenheit!

Dürer Ach, die… jawohl, so ist es.

Fugger Ach, Meister Albrecht, ich bin ja so froh!

Dürer Ich doch auch. Es ist mir Ehr' und Freud' zugleich, für Euch und Euresgleichen von Zeit zu Zeit ein kleines Meisterwerk zu schaffen…

Fugger Das ist es! Ohne Frage: Ein Meisterwerk! Und allegorisch obendrein… War ich denn blind?

Dürer Ein wenig…

Fugger *zieht eine Börse aus der Tasche und seinen Ring vom Finger.*

Fugger Nehmt, Meister Albrecht, nehmt! Dies Säckchen Gold – und mehr als das: Nehmt diesen Diamantring! Zum Zeichen, daß Ihr meine Blendung mir verzeiht…

DÜRER *betrachtet den funkelnden Ring.*
FUGGER *nimmt sein Bild und geht zur Tür.*

DÜRER Schönes Stück... Ich danke Euch, Herr Fugger, und geht recht sorgsam um mit Eurem Weihnachtsbild!
FUGGER Ach, lieber Dürer, das versprech' ich Euch!
DÜRER Es war mir ein Vergnügen, lieber Fugger.
FUGGER Und mir war's ein Erlebnis, unvergeßlich...

Er schließt die Tür hinter sich.
DÜRER *schaut ihm kopfschüttelnd nach.*

DÜRER Frohes Fest ... Zu Ostern hab' ich auch schon was für ihn...

Er zieht sein Rasenstück *aus der Mappe.*

DÜRER ...die Eier sind schon gut versteckt!

Was uns die Weihnachtsgeschichte eigentlich sagen will

EINE PREDIGT

Es begab sich aber zu der Zeit, daß ein Gebot von dem Kaiser Augustus ausging, daß alle Welt geschätzet würde... So steht es geschrieben im Evangelium des Lukas, Kapitel 2, Vers 1, und so fängt sie an, die Weihnachtsgeschichte. Und wie sie weitergeht, das wissen wir wohl alle. Doch lasset uns heute, am Geburtstage des Herrn, noch ein wenig an ihrem Anfang verweilen.

Da geht also ein Gebot aus. Von einem Kaiser gar! Und was gebietet dieser Kaiser, der mächtigste Mann seiner Zeit? Gebietet er, daß an aller Welt herumgemäkelt werde? Daß alle Welt verachtet werde? Oder daß an aller Welt Kritik geübt werde? So, wie das heutzutage allerorten Mode ist?

Nein. Er gebietet ausdrücklich, daß alle Welt geschätzet werde.

Ja, aber, so wird jetzt jeder denken, ja, aber ist es denn überhaupt menschenmöglich, alle Welt zu schätzen? Kennen wir nicht alle Menschen unserer Umgebung, Kollegen, Freunde, Angehörige gar, die wir nicht so schätzen?

Und müssen wir nicht selbst an Stätten geselligen Beisammenseins, in unserem Stammlokal zum Beispiel, bisweilen Sätze hören wie den folgenden: »Ich schätze es nicht, wenn man mir Bier über die Hose gießt!« Oder: »Sie haben ja auf meiner Rechnung

Uhrzeit und Datum dazuaddiert, das schätze ich aber gar nicht!«

Und erleben wir nicht allzu oft, daß wir uns v e r-schätzt haben, und der Ziegelstein, der eigentlich unseren Nachbarn treffen sollte, die Nachbarin erwischt?

Ja, liebe Gemeinde, dem ist freilich so. Doch wenn jeder von uns noch heute anfangen würde, die Welt ein klein wenig mehr zu schätzen, dann könnte sie morgen schon anders aussehen! Und wäre das nicht sehr schätzenswert?...

Nein? Na, dann eben nicht.

Wen man zum Weihnachtsessen
besser nicht einladen sollte

DIE NACHT DER WILDEN ERDBEERCHEN

Ein Drama aus dem gehobenen Norden

Personen:

Sven Svensson

Gunhild Svensson, seine Frau

Lars und Lill Svensson, ihre Kinder

Snurri Sturlusson, ein ungebetener Gast

Zeit:

Der erste Weihnachtstag des neuen Jahrtausends

Ort:

Das Wohnzimmer der Familie Svensson in Växjö, Südschweden

Die Festtafel ist gedeckt. Gunhild, die MUTTER, *rückt noch einmal das gute Kopenhagener Service zurecht.*

MUTTER *bei sich* So... und nun noch die echten Bienenwachskerzen angezündet...

Sie zündet die Kerzen an, betrachtet wohlgefällig ihr Werk.

MUTTER *ruft* Zu Tisch! Sven! Kinder! Zu Tisch!

Sven, der VATER, *tritt ein, gefolgt von Lill, der* TOCHTER, *und Lars, dem* SOHN.

VATER Oh! Gunhild, der Tisch ist ja zauberhaft gedeckt! Wenn das Essen nun auch so...

TOCHTER *unterbricht ihn* Wo soll ich sitzen, Paps?

VATER Du setzt dich bitte neben Mutter, Lill.

SOHN Und ich?

VATER Du bekommst als frischgebackener Doktor der Biochemie den Ehrenplatz, Lars, hier an der Stirnseite...

MUTTER *serviert die Suppe. Die anderen setzen sich.*

MUTTER Nun setzt euch doch! Die Elchsuppe wird kalt...

VATER Hmm, sieht das lecker aus … *er probiert* … Hervorragend, Schatz, ganz hervorragend… weißt du, ich habe mich schon oft gefragt, wie eine so bezaubernde Frau wie du es hier in Växjö überhaupt aushalten kann…

MUTTER Ach, Sven, das ist nun einmal nicht zu ändern…

VATER Nun ja… Der Herr Direktor hat da neulich so eine Andeutung gemacht, daß er einen qualifizierten Hauptabteilungsleiter brauchen könne…

MUTTER Ja?

VATER Na ja, und seitdem habe ich das Gefühl, daß wir das nächste Weihnachtsfest womöglich bereits in Malmö verbringen könnten…

TOCHTER Malmö! Ach, Paps, das wäre himmlisch!

Sie küßt ihren Vater. Es klingelt an der Tür.

VATER Das ist bestimmt Möre Mörsson vom Kirchenvorstand, mach doch bitte mal auf, Lill!

Lill geht hinaus. Man hört gedämpfte Stimmen. Sie kommt zurück.

TOCHTER Paps…

VATER Ja, Lill…

TOCHTER Draußen steht ein fremder, armer Mann … er fragt, ob er etwas Suppe haben kann.

VATER *unentschlossen* Hmm … *entschieden* Nein, der Arme soll nicht bloß mit einer Suppe abgespeist werden! Nicht zu Weihnachten! Lill, bitte ihn herein! Lars, hol noch einen Stuhl! Mutter, noch ein Gedeck! Und hol den Renticrbraten für …

Lill kommt zurück, DER FREMDE *folgt ihr. Er ist ganz grau gekleidet und behält den Hut auf, auch als er sich verbeugt und hinsetzt.*

DER FREMDE Guten Abend.

VATER Guten Abend. Bitte, nehmen Sie Platz an unserer bescheidenen Tafel. Greifen Sie zu, von allem ist genug da. Und fühlen Sie sich ganz wie zu Hause, so wohl und ungezwungen …

DER FREMDE *unterbricht ihn* Ich fühle mich aber nicht wohl und ungezwungen.

MUTTER Nein?! Wieso denn nicht?

DER FREMDE In einem Klima der Verstellung und der Lebenslüge habe ich mich noch niemals wohl gefühlt.

VATER Moment mal! Lebenslüge?! Hier, bei uns?

DER FREMDE Genau. Hier, bei Euch. Hinter Eurer Fassade bürgerlicher Wohlanständigkeit hockt sie …

VATER *unterbricht ihn* Fassade! Sie sind ja nicht bei Sinnen ... Ich meine, in meinem Leben gibt es keine Fassade!

DER FREMDE In Ihrem Leben gibt es nur Fassaden! Nehmen Sie nur Ihre Tochter Lill. Die liebt Sie doch, nicht wahr?

VATER Ja, allerdings!

DER FREMDE Dann wundert es mich freilich, wenn sie in ihrem Tagebuch vom 24. 12. ... *er zieht ein Blatt Papier aus der Tasche und liest vor* ... also von gestern, schreibt: »Paps ist und bleibt das größte Arschgesicht Südschwedens. Ich hasse ihn ...«

VATER Lill! Hast du das geschrieben?

TOCHTER Ja.

VATER Aber wieso denn?

TOCHTER Weil ich dich hasse! Hast du doch gehört, du Arschgesicht! Ich hasse dich, ich hasse dich, ich hasse dich!

VATER Lill, das ist doch unmöglich ...

DER FREMDE Es sind hier noch ganz andre Sachen möglich! Nehmen wir Ihren Sohn, den sogenannten Doktor der Biochemie ...

VATER Wieso denn: Sogenannt? Lars i s t Doktor der Biochemie!

DER FREMDE Ja? Haben Sie sich die Doktorurkunde denn mal genauer angesehen?

VATER Bloß die Überschrift...

DER FREMDE Dann werde ich Ihnen mal das Kleingedruckte vorlesen ... *er tritt zu der Urkunde, die gerahmt an der Wand hängt* ... »Hiermit bestätigen wir, daß Lars Svensson die Prüfung als Quartalssäufer voll bestanden hat. Er darf sich fortan Doktor suff. nennen. Gezeichnet Professor Trinkersson, Pennerakademie Uppsala«!

VATER Lars! Du bist nicht...

SOHN Nein, ich bin nicht Doktor der Biochemie! War mir einfach irgendwie zu hoch, die Materie... Schon an diesem Bio bin ich gescheitert – Bio! Was heißt denn überhaupt Bio?

VATER Lars! Und dafür habe ich dir acht Jahre lang das Studium bezahlt!? Vom Munde abgespart!

SOHN Du und deine Moralpredigten! Die kannst du dir alle an den Hut stecken! Was ich jetzt brauche ist ein ordentlicher Schluck... Her mit dem Fusel!

Er setzt die Flasche an und trinkt.

MUTTER Aber, Lars! Doch nicht die ganze Flasche...

SOHN Halt die Fresse, Alte!

DER FREMDE Womit wir bei Ihrer angeblich so treuen Gattin wären...

VATER Angeblich? Gunhild! Gibt es einen anderen?

MUTTER Ja, ja, ja, du sollst es ruhig wissen! Ich liebe eine andere.

VATER Eine?!

MUTTER Ganz recht! Die Wasserballmannschaft von Norskjöpping!

VATER Mein Gott! Mein Ruf! Wenn das der Herr Direktor hört...

DER FREMDE Apropos! Direktor Nilsson soll ja so große Stücke auf Sie halten, oder nicht?

VATER Ja, der Direktor schätzt mich! Der braucht mich...

DER FREMDE So, so ... *Er zieht eine Kassette aus der Tasche, steckt sie in einen Recorder.* Dann hören wir doch mal in diese Aufnahme hinein ... *Er drückt eine Taste, aus dem Lautsprecher kommen zwei Stimmen, eine männlich, eine weiblich:*

DIREKTOR »Sonst noch was, Fräulein Ekberg?«

SEKRETÄRIN »Nur noch eine Unterschrift, Herr Direktor Nilsson...«

DIREKTOR »Ach ja, das Entlassungsschreiben an Sven Svensson ... So ... Wird ja auch Zeit, daß wir diesen Bürotrottel endgültig loswerden. Wir sind doch hier kein Wohltätigkeitsverein...«

SEKRETÄRIN »Toll formuliert, Herr Direktor, ganz Ihrer Meinung.«

Direktor »Aber ein Unmensch bin ich auch nicht! Sorgen Sie also dafür, Fräulein Ekberg, daß der Brief erst nach Weihnachten bei dieser Pfeife ankommt.«

Sekretärin »Wird erledigt…«

Der Fremde *stoppt die Aufnahme und spult vor.*

Vater O mein Gott!

Der Fremde Apropos Gott – womöglich interessiert es Sie, was Ihre Freunde vom Kirchenvorstand von Ihnen halten…

Er drückt die Wiedergabetaste.

Der Kirchenvorstand *im Chor* »Sven Svensson ist uns allen ausnahmslos unsympathisch und daher ab sofort einstimmig ausgeschlossen von allen religiösen und sozialen Aktivitäten. Er ist eine solche Niete und dermaßen…«

Der Fremde Das genügt wohl… *Er drückt die Stoptaste.* Tja, Sven, siehst du nun endlich ein, wie es hinter deiner Fassade von Lebenslügen wimmelt? Begreifst du nun, daß niemand dich liebt, niemand dich achtet, niemand dich je geliebt oder…

Vater *unterbricht ihn* Das ist nicht wahr! Einer hat

mich geliebt! Einer hat mich geachtet! Mein alter Freund und Studienkamerad Snurri Sturlusson! Er verstand mich, immer … Und wäre er jetzt hier…

Der Fremde *unterbricht ihn* Sven!

Vater Ja?

Der Fremde Kennst du diese Narbe … *Er entblößt seinen linken Arm.*

Vater Die Narbe… Ja… Ja, ich erkenne sie… Und ich erkenne dich: Snurri!

Der Fremde Ja, der bin ich. Ich bin Snurri. Und gemocht habe ich dich nie.

Vater Das überleb ich nicht! Wie soll das alles enden?

Der Fremde Woher soll ich das wissen? Das Stück ist aus. Wir seh'n betroffen den Vorhang zu und die Fassaden offen.

Es wird ganz langsam, doch unaufhaltsam immer, immer dunkler.

Wie der liebe Gott einmal
eine goldrichtige Entscheidung traf

EINE LEGENDE

Es begab sich einmal, als der liebe Gott wieder über die Erde wandelte, daß es dunkel wurde und er am Hause des reichen Mannes anklopfte und um ein Nachtlager bat.

Doch der reiche Mann erkannte nicht, wer da vor ihm stand, und so antwortete er: »Tritt herein, unbekannter Fremder, das ist wohlgetan, daß du bei mir anklopfst. Gleich werde ich dir das schönste Bett im ganzen Hause herrichten lassen. Darf ich dich in der Zwischenzeit mit feinem Backwerk und köstlichen Weinen bewirten?«

Da gab sich der liebe Gott zu erkennen und sprach erfreut: »Dein Angebot ist sehr freundlich, reicher Mann. Die letzten Male, als ich über die Erde wandelte, mußte ich nämlich immer beim armen Mann absteigen. Und da hat es mir, ehrlich gestanden, gar nicht gefallen. Bei dem war alles – unter uns gesagt – doch erschreckend ärmlich.«

Nach diesen Worten aber schmausten und tranken die beiden nach Herzenslust, und es wurde noch ein richtig netter Abend.

Warum sich Verbrechen
auch und gerade zum Fest der Liebe
nicht lohnt

PAUL DEXTER UND DAS GEHEIMNIS DER SPANISCHEN VANILLE

Ein Lehr-Thriller

Zeit:

Ein Abend im Advent

Ort:

Die Wohnung der Mustermanns.

Personen:

Die jungen Eheleute MIKE und SIMONE haben sich gerade zu Bett begeben

MIKE So, Liebling, gute Nacht.
SIMONE Gute Nacht, Schatz. Schlaf schön…

Ein verdächtiges Geräusch. SIMONE *schreckt auf.*

SIMONE Oh!…Was war das?… Hast du das gehört?
MIKE Pscht!

Noch ein verdächtiges Geräusch.

SIMONE Da! Schon wieder!
MIKE Einbrecher! Da ist jemand in der Küche. Ich seh mal nach.
SIMONE Nein, ich komme mit.

Die beiden schleichen zur Küchentür.

MIKE Hallo, was machen Sie denn da in unserer Küche?
SUGAR Schnauze! Hände hoch! Umdrehen, Gesicht zur Wand!
SIMONE Er hat eine Pistole.
MIKE Was wollen Sie von uns?
SUGAR Vanille!
MIKE Was?
SUGAR Vanille.

SIMONE Vanille?

MIKE Ja, spanisch: Vanilla. Er meint diese tropische Orchideengattung, diese im Boden wurzelnden, als Epiphyten lebenden Kletterpflanzen.

SIMONE Ach so, die mit den schlauchförmigen Kapselfrüchten.

SUGAR Genau, Schwester, die in Mexiko heimische, dickblättrige, grünlich-weißblühende Vanille.

SIMONE Die in tropischen Gebieten gezogen wird?

SUGAR Sie wissen genau, wovon ich rede. Wo ist das Zeug?

MIKE Da, im zweiten Fach oben, in der Blechbüchse.

SUGAR Was?! Das sind ja schwarze Stangen! Wollen Sie mich verscheißern?

MIKE Nein, glauben Sie mir: Die gelblich-grüne Frucht wird durch Gärung unter Einfetten zum schwarzen, runzligen, ledrig glänzenden Gewürz. Wußten Sie das nicht?

Es klopft.

SIMONE Oh! Es hat geklopft!

SUGAR Herein!

Auftritt: Kommissar PAUL DEXTER.

PAUL DEXTER Hände hoch, Waffe fallen lassen, das Spiel ist aus!

SUGAR Wieso, Herr Kriminalkommissar Dexter?

SIMONE Wir sind gerettet.

PAUL DEXTER Ruhe. Her mit der Beute, Sugar!

SUGAR Hier, Herr Kommissar. Doch wie konnten Sie mir so schnell auf die Spur kommen?

PAUL DEXTER Ich hatte einen Tip, daß du zum Weihnachtsfest wieder Vanillekipferl planst, und da wußte ich, daß du dir Vanillin besorgen würdest, jenen in Pflanzen häufig, jedoch nur in geringen Mengen vorkommenden Riechstoff, chemisch ein Methyläther des Protokatechinaldehyts.

SIMONE Und besonders reich an Vanillin sind ja die Vanilleschoten, etwa zwei Prozent.

PAUL DEXTER Genau. Und deswegen ... *Sugar versucht zu fliehen.* Halt ... stehenbleiben ... oder ich schieße!

PAUL DEXTER *schießt. Sugar sinkt getroffen zu Boden.*

SIMONE O mein Gott! Ist er tot?

PAUL DEXTER Ja, schade um Sugar. Der Idiot! Dabei wird Vanillin heute ausschließlich synthetisch aus Eugenol und Guajakol für die Schokoladengewinnung hergestellt. Er hätte es wissen müssen. Aber einen Fehler machen sie alle. Alle.

Wie selbst Kinder ihren Eltern
zu Weihnachten
eine Freude machen können

GEDICHT

Unterm Weihnachtsbaum zu sprechen

Zu Weihnachten, da sitzen wir
vorm Fernseher und trinken Bier.
Mama, die ist als erste blau
und kotzt schon vor der Tagesschau.
Dann tragen wir die Tante raus,
sie hält den Knabenchor nicht aus.
Und sofort nach dem Filmbeginn
schlägt längelang der Onkel hin.
Wenn dann die Spannung langsam steigt,
sich auch Papa zur Seite neigt.
Sein Kopf ruht auf dem Schlummerkissen,
da will's auch Vetter Alfred wissen.
Er sagt noch einmal »Frohes Fe...«
und fällt dann dumpf vom Kanapee.
Die Kinder aber freuen sich
und rufen: »Jetzt wird's weihnachtlich!
Nun herrschet Friede hier im Haus.
Los Oma, hol die Schnäpse raus!«

Warum wir eigentlich Weihnachten feiern

DER URSPRUNG DES FESTES

Eine bürgerliche Kneipe zur Vorweihnachtszeit. Nur ein Tisch ist besetzt: ALBERT, BRUNO *und* CONRAD *trinken Bier. Der* WIRT *serviert persönlich.*

ALBERT Prost auch! Was ist, schlucken wir noch einen?

BRUNO Logisch. Noch eine Runde, Herr Wirt, und drei Kurze!

CONRAD Aber etwas flott, wenn ich bitten darf, ich muß los!

BRUNO Ab nach Hause? Vorbereitungen, wie?

CONRAD Tja ... was soll man machen? Morgen ist eben Weihnachten...

BRUNO Wem sagst du das! Jedes Jahr das gleiche... Dieser Rummel...

Der WIRT *bringt drei Bier und drei Klare.*

ALBERT Wo kommt das eigentlich her?

WIRT Das ham Sie doch bestellt!

ALBERT Ne, ich meine den ganzen Rummel jetzt...

CONRAD Der kommt von den Geschäftsleuten. Der Einzelhandel...

ALBERT Ne, ich meine mehr das Fest überhaupt.

BRUNO Woher das Fest kommt? Du meinst, den Ursprung des Festes?

ALBERT Genau, den Ursprung von dem ganzen Fest!

CONRAD Ja, der liegt also ... dieser Ursprung, der liegt in der Vergangenheit begründet ... in der Religionsgeschichte, sozusagen...

ALBERT Aber daß das jedes Jahr um diese Zeit ist...

BRUNO Tja, das ist merkwürdig, direkt unheimlich ist das...

ALBERT Unheimlich, genau! Ich glaube, ich will auch lieber nach Hause, meine Frau...

CONRAD Moment, das ist doch gerade die Frage! Warum feiern wir praktisch jedes Jahr um diese Zeit Weihnachten?

BRUNO Ist das nicht der Kampftag der Arbeitgeberklasse?

ALBERT Oder der Geiselnehmerklasse?

CONRAD Quatsch! Ich hab euch doch gesagt: Da spielt die Religionsgeschichte mit rein.

ALBERT Die Religion!?

BRUNO Seit wann hat Weihnachten was mit Religion zu tun!?

CONRAD Also: Am Anfang schuf der Herr Maria und Josef...

ALBERT Welcher Herr denn?

CONRAD Das erkläre ich später...

BRUNO Jaja, ich erinnere mich, Maria und Josef! Die sind doch aus dem Paradies geflogen, weil der

Josef sich nackt ausgezogen hat. Und dann hat die Maria in eine Schlange gebissen, worauf der Scherzengel Konstantin den Willy erschlagen hat...

ALBERT Erschlagen!? Wie furchtbar ... direkt unheimlich, also ich geh jetzt mal lieber...

CONRAD Moment! Beim ersten Brudermord hat doch der Kai den Nabel um die Ecke gebracht...

ALBERT Um welche Ecke?

Ratloses Schweigen. Der WIRT *kommt um die Ecke und serviert eine Runde Apfelwein.*

WIRT Der geht aufs Haus.

CONRAD Apfelwein... Genau... Da hat doch seinerzeit auch ein Apfel eine Rolle gespielt...

ALBERT Was für'n Apfel?

BRUNO Der, der damals den eiligen drei Königen prophezeit worden ist mit den Worten: Und ihr werdet finden den Apfel nicht weit vom Stamm und in eine Krippe gewickelt... den Apfel, meint er.

CONRAD Ach, Unfug, nicht Maria hat den Josef, sondern Erzvadda Abraham seinen Schlumpf erschlagen...

ALBERT Erschlagen, huch!? Ich glaube...

BRUNO Nicht erschlagen! Erstarren!

CONRAD Falls sie sich noch einmal umdrehen sollten, die beiden!

BRUNO Jawohl, erstarren sollten sie, und zwar zum Bratapfel!

CONRAD Nein, zur Salzstange! Jawohl, und die Maria drehte sich trotzdem um...

BRUNO Und schon fing es an zu regnen, 40 Tage lang!

ALBERT Wie schrecklich! Ich hab nämlich gar keinen Schirm dabei...

BRUNO Halt! Es war schrecklicher als Sodumm und Camorra...

CONRAD So schrecklich, daß Herr Arche vor Schreck einen Noah gebaut hat...

BRUNO Und Herr Babel einen Turm...

CONRAD Oder umgekehrt ... Und es hätte sogar noch länger geregnet, wenn nicht Daniel in der Magengrube...pardon, Mövengrube...

Der WIRT *hat sich dazugesetzt.*

ALBERT Ach, und wegen dieser ollen Kamellen feiert man heute noch Weihnachten?

WIRT Aber das sind doch alles Details, meine Herren, und wer will sich schon mit Details aufhalten?

Bruno Ich! Ich liebe nämlich Details, wie zum Beispiel dieses, wo Abraham mit Bebraham gewettet hat, wer am schnellsten seinen Sohn opfern kann, doch der Schiedsrichter Herodes...

Albert Herr Odes? Ist das der Herr, der...?

Conrad Herodes, der Förderer des bethlemitischen Kindersports, der hat die Wette abgebrochen, wegen Unbespielbarkeit des Platzes...

Bruno Ah ja, der Regen, ich erinnere mich...

Albert Und wißt ihr, an was mich dieser Regen erinnert?... An den regen Geschlechtsverkehr, den ich jetzt mit meiner Frau haben könnte, wenn ich...

Conrad Ich fasele also zusammen: Maria und Josef sind aus dem Paradies geflohen... wegen der Schlange...

Albert Welcher Schlange?

Conrad Der Schlange von Tieren, die sich vor der Fregatte Nora gebildet hatte... Moment, ich korrigiere mich: das Schiff hieß Arche!

Bruno Arche Nora! Genau. Die wurde gebaut, weil es so lange geregnet hatte, bis einer sprach: Der Herr ist mein Hirte, er wird mich schon mangeln...

Albert Welcher Herr denn nun!?

Conrad Der Herr, der...

BRUNO Der Herr Wirt, vielleicht…

WIRT Oder der, der da zusammengebrochen ist vor den Posaunen von Jericho…

ALBERT Das ist doch kein Grund zum Feiern!

CONRAD Gegenfrage: Wieso denn nicht? Den 3. Oktober feiert man doch neuerdings auch, obwohl der Fall der Berliner Mauer ebenso ungeklärt ist…

BRUNO Dieser Fall ist wohl geklärt: Am 3. Oktober haben nämlich die Türken vor Wien unter Karl Martell die dortige Bastille in einer Seeschlacht vor Waterloo gewonnen und Dschingis Kahn gerettet…

ALBERT Wessen Kahn?

CONRAD Aber das ist doch unwesentlich! Hauptsache, man erinnert sich gern, das ist schon ein Grund zum Feiern!

ALBERT Naja, an den 3. Oktober vielleicht … aber an Weihnachten…

BRUNO Womöglich ist doch auch Weihnachten nur so eine Art Erinnerung…

ALBERT Ja, aber woran?

BRUNO Nun… an Weihnachten eben… So wie das Reformationsfest. Da ist ja auch nicht jedes Jahr Reformation, sondern die war mal, damals, als dieser Luther seine Bibel versetzt hatte, um seine

99 Besen an die Schloßküche zu Frittenberg zu nageln...

ALBERT Apropos nageln... meine Frau...

CONRAD Schön, also wenn ich Brunos Parallele richtig verstehe, gibt es ja gar kein Weihnachten mehr...

WIRT Und damit auch keinen Grund, hier weiter zu diskutieren: Also, wenn das kein Grund zum Feiern ist!

BRUNO Genau! Noch eine Runde, Herr Wirt!

CONRAD Wir haben doch noch! Ihr meint also, Weihnachten ist eine Erinnerung an das Weihnachtsfest...

ALBERT Oder umgekehrt!

BRUNO Genau: Das Weihnachtsfest ist eine Erinnerung an Weihnachten!

WIRT Na dann, zum Wohl, meine Herren!

Alle heben die Gläser und stoßen auf... auf Weihnachten an, natürlich.

Was man beim Besuch
des Weihnachtsgottesdienstes
wissen sollte

RATSCHLÄGE FÜR SELTENGÄNGER

Am heiligen Abend wird der eine oder andere in die Kirche gehen wollen, und es wird für die meisten von uns das einzige Mal in diesem Jahr sein, daß sie ein Gotteshaus betreten. Einige hilfreiche Hinweise mögen deshalb nicht schaden.

Seltengänger tun zunächst einmal gut daran, sich vor dem Kirchgang die passende Bekleidung herauszulegen. Den Damen sei geraten, weder zu kurz noch schulterfrei zu tragen. Warm, aber unauffällig scheint angemessen.

Seltengänger beiderlei Geschlechtes sollten sich sinnvollerweise vor dem Kirchgang mittels einer kleinen Mahlzeit eine gewisse Grundlage verschaffen, da Kirchen in der Regel keine Restaurationsbetriebe sind und auch kleinere Imbisse nicht gereicht werden. Selbst Süßigkeiten – Eiscreme oder Mon Cherie – stehen nicht zur Disposition. Auch der Verzehr mitgebrachten Knabberwerkes ist in Kirchen eher unerwünscht.

So gestärkt macht sich der Seltengänger auf den Weg. Er erkennt sein Ziel vor allem daran, daß statt der üblichen Reklamebeschriftung ein bis zwei von weitem sichtbare Türme Attraktion signalisieren.

Wir schreiten nun durch das Eingangsportal und sind zunächst überrascht von der ungeheuren Höhe des Raumes. Dies hat freilich nichts zu besagen: Dort

oben spielt sich auch im weiteren Verlauf des Abends nichts ab.

Der irritiert schweifende Blick des Seltengängers wird nun vergeblich nach einer Platzanweiserin suchen – zumal der Besuch der Veranstaltung kostenlos ist und also Eintritts- oder Platzkarten nicht ausgegeben werden. Man wird sich demnach – ohne freilich zu rennen oder zu schubsen – einen Platz auf einer der aufgestellten Bänke zu erobern haben.

Nun wird, entgegen den Erwartungen des Seltengängers, weder das Licht verlöschen noch die Werbung beginnen. Vielmehr erheben sich die Versammelten zur Begrüßung eines Mannes, der im Vordergrund des Raumes die weitere Gestaltung des Abends übernehmen wird.

Bei gelegentlichen, gemeinsamen Gesängen sei dem Seltengänger geraten, weder lauthals ihm unbekannte Lieder zu improvisieren, noch bei rhythmischen Stellen in das beliebte Schunkeln zu verfallen, etwa mit Hilfe untergehakter Nachbarn.

Im Falle von zu absolvierenden Gebeten empfiehlt sich dem Seltengänger ein gesenkter Blick und das Verschränken der Finger. Und zwar verschränkt man seine Finger nicht in die der Nebenstehenden, sondern in die eigenen. Eine kleine Hilfestellung: in fehlerfreier Haltung betet der Seltengänger, wenn er

bei diesem Ritual seine Hände etwa so hält, als ob er seinen Wellensittich erwürgen wollte.

Im weiteren Verlauf des Abends wird der Solist im Vordergrund einen erhöhten Platz erklimmen, um von dort aus eine Rede zu halten. Da darf nun, am heutigen Abend, mit der Weihnachtsgeschichte gerechnet werden.

Hier scheint ein kleiner Hinweis für Seltengänger angebracht: Bei dem Kind, das in diesem Zusammenhang Erwähnung finden wird, handelt es sich um die gleiche Person, die wir im Vordergrund des Raumes unschwer als einen ans Kreuz genagelten Herrn erkennen können. Dies nur, damit Sie auch das Ende der ganzen Geschichte kennen, von dem heute abend freilich nicht die Rede sein wird.

Der Mann auf der Kanzel wird im übrigen einige mehr oder weniger temperamentvolle Appelle an das allgemeine Wohlverhalten der Anwesenden richten. Solche rhetorischen Höhepunkte sollen schweigend zur Kenntnis genommen und nicht mit Ausrufen wie »Bravo, der Mann!«, »Weiter so!« oder »Hört, hört!« kommentiert werden. Von Applaus oder gar Pfiffen ist generell abzusehen.

Prinzipiell gilt: der Selten- verhält sich wie der Ständiggänger passiv; unabhängig von der Dauer der Festrede.

Auch musikalische Zuspielungen sollen keineswegs mit Rufen wie »Give it to me!« oder »Lauter!« gestört werden, da es sich hierbei um Live-Musik handelt, welche an der Rückwand des Raumes auf einem ungewöhnlich umfangreichen Instrument namens Orgel hergestellt wird.

Zwischendurch soll weder geraucht noch gar frühzeitig gegangen werden. Gegen Ende der Veranstaltung bekommen Sie von Ihrem Nachbarn einen Beutel voller Geld überreicht. Überschwenglicher Dank ist unangebracht. Sie sollen lediglich Ihrerseits Geld in diesen Beutel hinein-, auf jeden Fall nicht aus ihm heraustun, und das Gerät schweigend weiterreichen.

Auch beim letzten gemeinsamen Aufstehen wird dann nicht die Nationalhymne zu Gehör gebracht, sondern ein kleines Abschiedslied geistlicher Natur intoniert, an dessen Ende Sie sich gemessenen Schrittes aus der Kirche zu entfernen haben.

Der Rest des Heiligen Abends schließlich ist dem Seltengänger wieder zur freien Gestaltung überlassen, wobei ihm das eben Erfahrene Richtschnur sein mag oder auch eher nicht.

Notiz:

Sämtliche Stücke sind von Robert Gernhardt, Bernd Eilert und Peter Knorr gemeinsam verfaßt, bis auf wenige Ausnahmen: »Eine Predigt« ist von Gernhardt solo, und an der »Legende« vom lieben Gott waren nur Gernhardt und Knorr beteiligt.

W 18.–